LILITT BOLLINGER STUDIO

Diese Buchreihe versammelt die Bauwerke einzelner, mit hohem Qualitätsanspruch ausgewählter jüngerer Schweizer Architekten. Seit 2004 kuratiere ich die Reihe *Anthologie* in der Form einfacher Werkdokumentationen. Sie ist vergleichbar mit der «Blütenlese», wie sie in der Literatur für eine Sammlung ausgewählter Texte angewendet wird. Es liegt in der Natur des Architektenberufs, dass die Erstlingswerke junger Architekten meist kleinere übersichtliche Bauaufgaben sind. Sie sind eine Art Fingerübung, mit der sie das Erlernte anwenden und ihr architektonisches Sensorium erproben und entfalten können. Die Begabung und die Leidenschaft für das Metier lassen sich dabei früh in voller Deutlichkeit und Frische erkennen. So stecken in jedem der kleinen und grossen Projekte inspirierte Grundgedanken und Vorstellungen, die spielerisch und gleichermassen perfekt in architektonische Bilder, Formen und Räume umgesetzt werden. Damit wird mir wieder einmal bewusst, dass in der Architektur wie in anderen Kunstformen die Bilder und Ideen, die hinter dem Werk stehen, das Wesentliche sind. Es mag diese Intuition sein, die der Künstler hat, und die dann über sein Werk wie ein Funke auf den Betrachter überspringt, so wie es der italienische Philosoph Benedetto Croce in seinen Schriften eindringlich beschreibt.

Heinz Wirz
Verleger

This book series presents buildings by selected young Swiss architects that set themselves high quality standards. Since 2004, I have been curating the *Anthologie* series by simply documenting their oeuvre. The series can be compared to a literary anthology presenting a collection of selected texts. It is in the nature of the architectural profession that early works by young architects are mostly small, limited building tasks. They are a kind of five-finger exercise in which the architects apply what they have learnt, as well as testing and developing their architectural instincts. Talent and a passion for the profession can be seen at an early stage in all of its clarity and freshness. Each project, be it large or small, contains an inspired underlying concept and ideas that are playfully and consummately implemented as architectural images, forms and spaces. Thus, I am regularly reminded that in architecture, as in other art forms, the images and ideas behind the works are their essence. Perhaps this is the same intuition described so vividly by the Italian philosopher Benedetto Croce, one that is absorbed by the artist and flies like a spark via the work to the viewer.

Heinz Wirz
Publisher

LILITT BOLLINGER STUDIO

QUART

UMBAU FERIENWOHNUNG, EBLIGEN
Ausführung 2013–2014

zusammen mit alma maki, Basel

Eine Ferienwohnung in einem alten Strickbau am Brienzersee sollte umgebaut werden. Bei einer Renovation in den 80ern war das Haus tiefgreifend verändert worden, es war kaum etwas vom Bestand übrig geblieben. Die Räume waren niedrig, dunkel und wirkten kellerartig.

Im Steinsockel wurden zum Hang hin Küche und Bad neu organisiert und mit Beton und schwarz lasiertem Holz ausgeführt. Der nach Norden orientierte Raum wurde noch dunkler gehalten: Er wirkt höhlenartig, aber gemütlich, ein Ort für den Rückzug nach innen. Das grosse Fenster eröffnet einen überraschenden Blick auf den nun japanisch anmutenden Garten.

Die Räume im Strickbau wurden als Bricolage weiterbearbeitet. Die Statik wurde verstärkt, Holzteile ergänzt, und alles erhielt einen weissen Anstrich. Eine Trennwand wurde aufgrund ihres Aufbaus zu einem Regal, das Durchblicke zulässt.

Die weissen lichtdurchfluteten Räume wirken als Gegensatz zur dunklen Küche wie ein luftiger Ort für die Gedanken und den Weitblick über den See.

HOLIDAY APARTMENT CONVERSION, EBLIGEN
Construction 2013–2014

in collaboration with alma maki, Basel

A holiday apartment in an old log cabin by Lake Brienz was to be converted. During renovation work in the 80s, the house was significantly changed, hardly retaining any of its original substance. The rooms were low, dark and had a cellar-like atmosphere.

The kitchen and bathroom were reorganised towards the slope in the stone basement and finished in wood that was glazed in black. The space orientated towards the north has an even darker design: it appears cave-like, but cosy, making it a place for inward withdrawal. The large window opens up a surprising view of the garden, which has a Japanese character.

The rooms in the log cabin were developed further as a bricolage. The load-bearing structure was strengthened, wooden elements were supplemented and everything was painted in white. Due to its structure, a partition wall became a shelf, allowing views through it.

The white, brightly lit rooms are a contrast to the dark kitchen and provide an airy location for contemplation and enjoying the broad view over the lake.

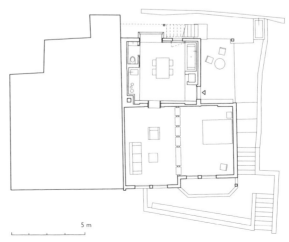

N

5 m

UMBAU WOHNHAUS, OBSTALDEN
Ausführung 2015–2016

Der Stall in Obstalden oberhalb des Walensees war in den 80ern zum Ferienhaus umgebaut worden und sollte nun wieder als Wohnhaus dienen. In Richtung Norden bietet sich ein spektakulärer Blick auf die Bergkette der Churfirsten.

Die alten Ställe besassen häufig Dachstühle, die grosse Räume überspannen konnten. Das Erdgeschoss konnte deshalb als ein grosser Raum konzipiert werden, den ein runder Kern mit Sanitärraum zoniert. Raumhohe Fensterfronten öffnen den Raum übereck gegen Norden.

Zur Strasse gegen Süden liegt ein zweigeschossiger Raum mit Galerie, der über das hohe ehemalige Scheunentor die Mittagssonne tief in das Gebäude einfallen lässt und den Blick zum Berg hinauf erlaubt. Ein Band aus eingebauten Möbeln – bestehend aus Regalen, Arbeitstischen, Sitzbänken und Küchentheke – folgt den Wänden und fasst den Innenraum. Je nach Lichteinfall verändert sich die Farbigkeit der grün gebeizten Oberflächen von einem sanften Hellgrün bis zu einem tiefen Dunkelgrün.

Weiterbauen bedeutet auch, zu entscheiden, was bleibt: aus Budgetgründen und um die Geschichte des Hauses weiterzuerzählen. Indem bestehende Elemente aus ihrem ursprünglichen Kontext herausgenommen werden, entwickeln sie als Objets trouvés eine eigene Ästhetik.

HOUSE CONVERSION, OBSTALDEN
Construction 2015–2016

The barn in Obstalden above Lake Walen had been converted into a holiday home in the 1980s and was to be restored as a permanent residence. The view towards the north presents a spectacular vista of the Churfirsten mountain range.

The old barns often have roof trusses that could span large areas. Thus the ground floor was conceived as a large space that is zoned by a circular core with a sanitary area. The room-high window open the northern space around the corner.

Towards the road in the south, there is a two-storey room with a gallery that allows the midday sun to shine deeply into the building through the former barn door, while also providing a view up the mountainside. A band of fitted furniture consisting of shelves, desks, benches and a kitchen counter runs along the walls and frames the interior space. Depending on the light incidence, the tone of the stained surfaces varies between a soft, light green and a deep, dark green.

Continuing to build also means deciding what remains: both for budget reasons and to maintain the building's historical narrative. By extracting existing elements from their original context, they develop their own aesthetics as *objets trouvés*.

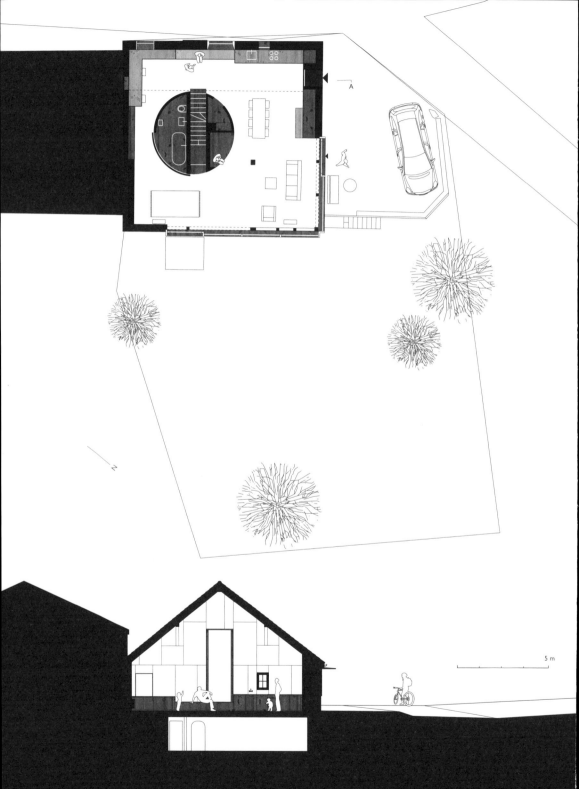

A

N

5 m

UMBAU KIRSCHLAGER, NUGLAR

Ausführung 2017–2018

zusammen mit Buchner Bründler Architekten, Basel

Das 1968 erbaute Gebäude gehörte zu einer Schnapsbrennerei mit Weinhandlung. Es diente als Lagerhaus, Verkaufsladen und zur Annahme der Kirschenlieferungen und ist direkt an die ehemalige Brennerei angebaut. Das Erdgeschoss bestand aus zwei getrennten Räumen mit wenig Verbindung zum Aussenraum. Die Materialität ist hauptsächlich Beton mit Ausnahme einer Holzdecke, welche die eine Raumhälfte überspannt.

Es wurden eine Wohnung und ein Architekturstudio eingebaut, die alte Kirschenanlieferung blieb als Werkstatt und Garage erhalten. Zudem wurde ein kleiner Aufbau mit einem Atelierraum daraufgesetzt. Da die bestehenden Fenster talseitig eine Brüstungshöhe von 2,50 Meter hatten, wurden alle Fensterbrüstungen auf Sitzbankhöhe heruntergeschnitten und erhielten aussen jeweils einen Fensterkasten aus Stahl. In die Decke wurden kreisrunden Öffnungen eingeschnitten, um mithilfe von Kuppelfenstern Licht in die Tiefe des Raums zu bringen. In die grosse Halle wurden Raummöbel betoniert, welche Bad, WC, Schränke und Gästezimmer beinhalten und Raumnischen ausbilden. Sämtliche Möbel, Türen und Wandbeplankungen wurden aus Seekiefer gebaut. Die Schichtung und Fügung des Materials ist immer zu sehen, die Oberflächen sind rau und haptisch.

KIRSCHLAGER CONVERSION, NUGLAR

Construction 2017–2018

in collaboration with Buchner Bründler Architekten, Basel

The building was constructed in 1968 as part of a schnapps distillery with a wine shop. It was used as a warehouse, shop and reception area for cherry deliveries, with direct access to the former distillery. The ground floor consisted of two separate rooms with little connection to the exterior space. The materiality is mainly concrete, apart from a wooden ceiling stretching over half the space.

One apartment and an architecture studio were built into the structure, while the cherry delivery area was retained as a workshop and garage. A small upward extension with a studio space was also added. Since the existing windows towards the valley had a sill height of 2.50 metres, all windowsills were cut down to a bench height and received steel exterior window frames. Circular apertures were incised into the ceiling to induce light into the depth of the building from the domed windows. In the large hall, concrete, spatially formative furniture forms the bath, toilet, cupboards and guest rooms, as well as creating niches. All furniture, doors and wall cladding were made of maritime pine. The layering and joining of the materials is always visible, while the surfaces are coarse and haptic.

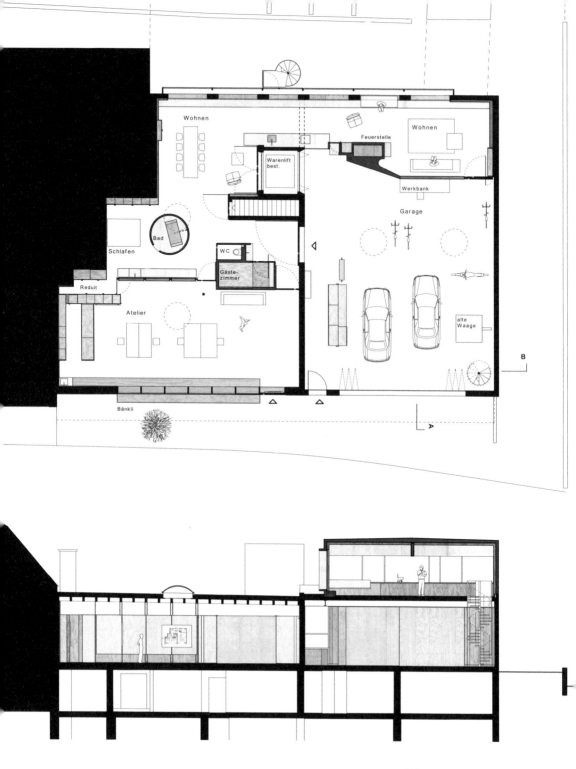

Wohnen

Feuerstelle

Wohnen

Warenlift
best.

Werkbank

Bad

Garage

Schlafen

WC

Gäste-
zimmer

Reduit

B

Atelier

alte
Waage

Bänkli

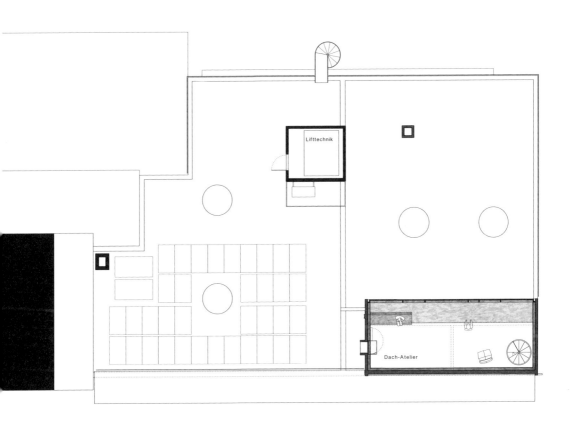

Lifttechnik

Dach-Atelier

Z

5 m

21

Altes Weinlager (S. 32) und Kirschlager
Altes Weinlager (p. 32) and Kirschlager

WOHNATELIERHAUS ALTES WEINLAGER, NUGLAR
Ausführung 2018–2019

Das Lagerhaus der Schnapsbrennerei von 1956 hatte mit seinem markanten Volumen zur Identität von Nuglar beigetragen. Infolge von Betriebsaufgabe und Umzonung war das bestehende Gebäude nun zu gross und sollte abgebrochen werden. Die gewachsene Struktur des Grundstücks mit dem bestehenden Kellersockel durfte mit einer Ausnahmegenehmigung beibehalten werden.

Die alten Aussenwände fassen als Brüstung diese Plattform, der neue Aufbau orientiert sich an der Idee des alten Gebäudes mit einem massigen Volumen unter dem grossen auskragenden Dach. Darunter entstand zwischen alten und neuen Wänden ein weitläufiger gedeckter Aussenraum für die Gemeinschaft.

Die Grundstruktur des neuen Holzbaus orientiert sich an der bestehenden Struktur des Kellergeschosses mit seinen Pilzstützen. Sieben Wände mit einer Höhe von 9 Metern sind über die Fassade und die Decke miteinander verbunden und bilden so sechs Wohneinheiten aus, welche sich mit raumhohen Verglasungen in Richtung Ost und West öffnen.

Es sind Wohnateliers mit einem bescheidenen Grundausbau in einem modularen System entstanden, die von den Bewohnern auf einfache Art und Weise weiter ausgebaut werden können.

ALTES WEINLAGER RESIDENTIAL STUDIO BUILDING, NUGLAR
Construction 2018–2019

Built in 1956, the schnapps-distillery warehouse contributed to the identity of Nuglar with its striking volume. After operations ceased there and the existing building was rezoned, it proved to be too large and was designated for demolition. The grown structure of the property with an existing basement plinth was preserved thanks to special permission.

The old exterior walls form a balustrade around this platform, while the new structure is orientated towards the idea of the old building, with a solid volume beneath a large, projecting roof. A spacious covered exterior space was created beneath it for the community, between the old and new walls.

The basic structure of the new timber building is orientated towards the existing structure of the basement floor, with its mushroom pillars. Seven walls with a height of 9 metres are connected to each other by the façade and the ceiling, thereby forming six residential units that open up towards the east and west with room-high glazing.

The resulting residential studios have a modest basic design in a modular system, allowing the residents to expand them further without difficulty.

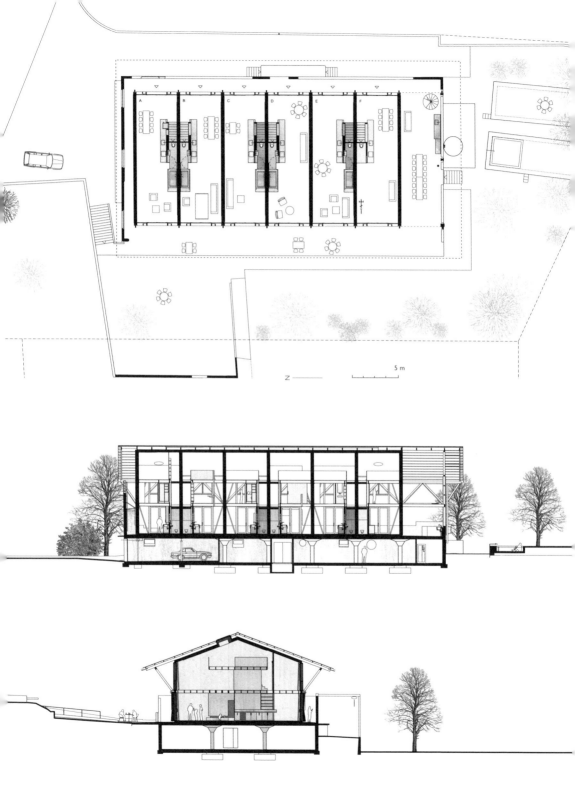

A   B   C   D   E   F

5 m

Z

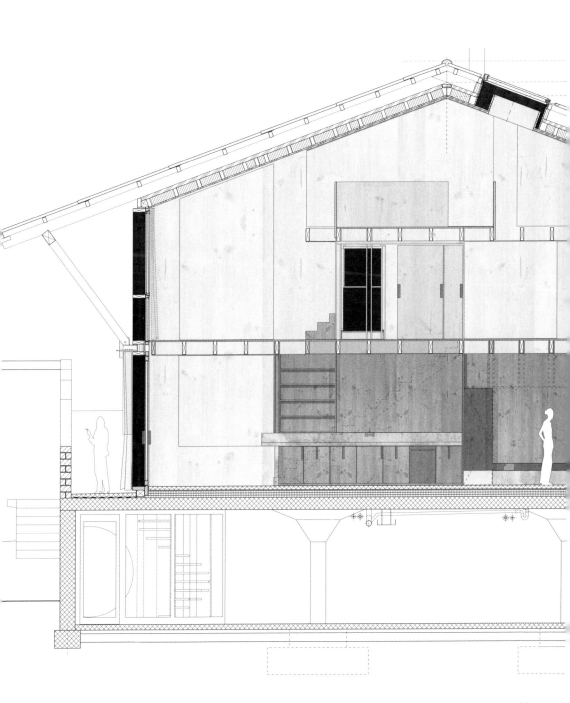

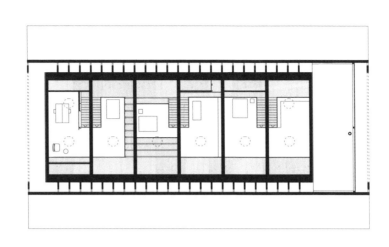

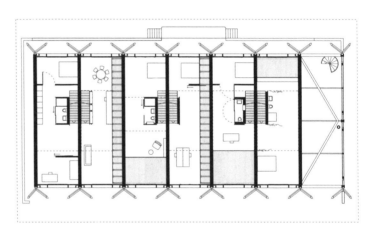

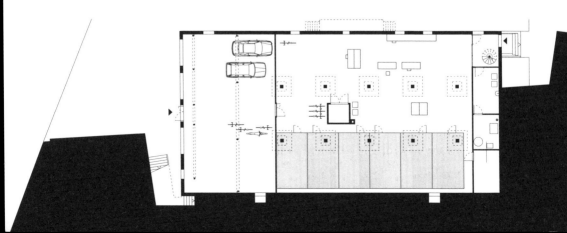

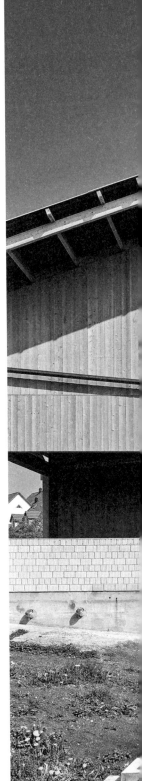

WERKVERZEICHNIS
Bauten und Projekte

1

2014   1   Umbau Ferienwohnung, Ebligen, zusammen mit alma maki, Basel
Studie Ausbau Restauration Obst & Gemüse, Basel,
zusammen mit Raphaela Schacher, Basel
2016   2   Umbau Wohnhaus, Obstalden
2018   3   Umbau Kirschlager, Nuglar,
zusammen mit Buchner Bründler Architekten
2019   4   Wohnatelierhaus Altes Weinlager, Nuglar
2020–   Umbau Wohnhaus E84, Wabern
Studie Umbau Wohnhaus alte Hemdenfabrik, Wenslingen
Studie Umbau Bauernhaus G07, Nuglar

BIBLIOGRAFIE

2

2015   Frederike Kluge, Meik Rehrmann und Lilitt Bollinger: on site –
der Architekt auf der Baustelle. In: AIT, 7/8, S. 156–159
Cordula Vielhauer: Neue Bäder im Kontext. In: DETAIL inside,
01, S. 50–51
Silvia Steidinger: Wundertüte am Brienzersee. In: umbauen &
renovieren, 5/6, S. 38–46
2016   Sibylle Hahner: Dem Gewöhnlichen das Überraschende
entlocken. In: VISO, 6, S. 32–39
Lilitt Bollinger: lilitt bollinger studio. In: schweizweit, Katalog zur
Ausstellung «schweizweit» im S AM, Basel, November 2016,
S. 204–205, Herausgeber: S AM
Tanja Feil: Wohnhaus in Obstalden. In: DB-Metamorphose,
db-Wettbewerb «Respekt und Perspektive», 12, S. 118–119
Andreas Herzog: Das dritte Leben eines Stalles. In: Hochparterre,
Ausgabe Die Besten 2016, 12, S. 30

3

2017   Silvia Steidinger: Dem Berg zugewandt. In: umbauen &
renovieren, 1, S. 26–34
Lilitt Bollinger: Umbau Haus Obstalden. In: as Schweizer
Architektur 205, 2, S. 25–28
Beat Matter: Quereinstieg. In: Quer, 3, S. 30–35
Marcel Hodel: Neues Feingefühl. Hinter dem Scheunentor ein
Loft. In: Archithese, 2, S. 48–56
2019   Elias Baumgarten: Präzise Bastelei. In: Archithese, 1, S. 86–93,
Swiss Performance 2019
Hubertus Adam: Spass an der Bricolage – Umbau eines
Kirschlagers. In: Zuschnitt, 6, S. 10
Tibor Joanelly: Wohnraum statt Obstbrand. In: werk, bauen +
wohnen, 6, S. 55–59
Friederike Bienstein: Kirschlager. In: AIT, 7/8, S. 132–135
Daniela Meyer: Land-Lofts. In: Hochparterre, 6/7, S. 68
Silvia Steidinger: Der Kirschbunker. In: umbauen & renovieren,
6 (2019), S. 26–35
Umbau Kirschlager Nuglar 2018. In: Divisare, Photo Essay Nr. 14
by Rory Gardiner (2018)
Andreas Herzog: Raum und Zeit überwinden. In: Hochparterre,
Die Besten 2019, 12, S. 18–24
2020   Cyrill Schmidiger: Perfekt Imperfekt. In: Archithese, 1,
S. 68–78, Swiss Performance 2020
Sibylle Hahner: Pure Materialität. In: Schweizer Baudokumentation,
3, S. 68–77

4

LIST OF WORKS
Buildings and projects

2014	1	Holiday apartment conversion, Ebligen, with alma maki, Basel
		Study, extension including gastronomic services, Obst &
		Gemüse, Basel, with Raphaela Schacher, Basel
2016	2	House conversion, Obstalden
2018	3	Kirschlager conversion, Nuglar,
		with Buchner Bründler Architekten
2019	4	Altes Weinlager residential studio building, Nuglar
2020–		Conversion, E84 residential building, Wabern
		Study, conversion, alte Hemdenfabrik residential building,
		Wenslingen
		Study, conversion, G07 farmhouse, Nuglar

BIBLIOGRAPHY

2015   Frederike Kluge, Meik Rehrmann and Lilitt Bollinger: "on
        site – der Architekt auf der Baustelle", in: *AIT*, 7/8, p. 156–159
        Cordula Vielhauer: "Neue Bäder im Kontext", in: *DETAIL
        inside*, 01, p. 50–51
        Silvia Steidinger: "Wundertüte am Brienzersee",
        in: *umbauen & renovieren*, 5/6, p. 38–46
2016   Sibylle Hahner: "Dem Gewöhnlichen das Überraschende
        entlocken", in: *VISO*, 6, p. 32–39
        Lilitt Bollinger: "lilitt bollinger studio", in: *schweizweit,
        Katalog zur Ausstellung «schweizweit» im S AM*, Basel,
        November 2016, p. 204–205, published by: S AM
        Tanja Feil: "Wohnhaus in Obstalden", in: *DB-Metamorphose,
        db-Wettbewerb «Respekt und Perspektive»*, 12, p. 118–119
        Andreas Herzog: "Das dritte Leben eines Stalles",
        in: *Hochparterre, Die Besten 2016*, 12, p. 30
2017   Silvia Steidinger: "Dem Berg zugewandt", in: *umbauen &
        renovieren*, 1, p. 26–34
        Lilitt Bollinger: "Umbau Haus Obstalden", in: *as Schweizer
        Architektur 205*, 2, p. 25–28
        Beat Matter: "Quereinstieg", in: *Quer*, 3, p. 30–35
        Marcel Hodel: "Neues Feingefühl. Hinter dem
        Scheunentor ein Loft", in: *Archithese*, 2, p. 48–56
2019   Elias Baumgarten: "Präzise Bastelei", in: *Archithese*,
        1 (2019), p. 86–93, Swiss Performance 2019
        Hubertus Adam: "Spass an der Bricolage – Umbau eines
        Kirschlagers", in: *Zuschnitt*, 6, p. 10
        Tibor Joanelly: "Wohnraum statt Obstbrand", in: *werk,
        bauen + wohnen*, 6, p. 55–59
        Friederike Bienstein: "Kirschlager", in: *AIT*, 7/8, p. 132–135
        Daniela Meyer: "Land-Lofts", in: *Hochparterre*, 6/7, p. 68
        Silvia Steidinger: "Der Kirschbunker", in: *umbauen &
        renovieren*, 6, p. 26–35
        "Umbau Kirschlager Nuglar 2018", in: *Divisare*, Photo
        Essay Nr. 14 by Rory Gardiner (2018)
        Andreas Herzog: "Raum und Zeit überwinden",
        in: *Hochparterre, Die Besten 2019*, 12, p. 18–24
2020   Cyrill Schmidiger: "Perfekt Imperfekt", in: *Archithese*,
        1, p. 68–78, Swiss Performance 2020
        Sibylle Hahner: "Pure Materialität", in: *Schweizer
        Baudokumentation*, 3, p. 68–77

LILITT BOLLINGER

1970	geboren in Zürich
1990–1996	Studium Lehramt für bildende Kunst, Schule für Gestaltung, Basel
1993	Fachklasse Kunst, Ecole d'Art, Perpignan (F)
1997–2008	Gründung und Führung der Marke PROGNOSE in Basel, Entwurf, Produktion und Vertrieb von Taschen und Produkten, zusammen mit Cristine Strössler
1997–2007	nebenbei Lehrtätigkeit in Zeichnen, Werken, Kunstbetrachtung
2001–2002	Ausbildung Webpublisher SIZ
2002	Eröffnung der Taschenmanufaktur PROGNOSE in Kleinbasel, Headstore und Manufaktur
2007–2010	Architekturstudium ETH Zürich
2010–2011	Praktikum bei Morger Dettli Architekten, Basel
2011–2012	Mitarbeit bei Kunz und Mösch Architekten, Basel
2012	Mitarbeit bei Buchner Bründler Architekten, Basel, Bau der Betonmodelle für die Ausstellung «BBBauten» in der Haupthalle der ETH Zürich
2013	Gründung lilitt bollinger studio
2016	2. Preis Foundation Award
2018	1. Preis Architekturpreis farbe.struktur.oberfläche 2018 für den Umbau in Obstalden
2019	Aufnahme in den Bund Schweizer Architekten (BSA) Goldener Hase 2019 für das Wohnatelierhaus Altes Weinlager in Nuglar

LILITT BOLLINGER

1970	Born in Zurich
1990–1996	Teacher training, Visual Art, Schule für Gestaltung, Basel
1993	Art class, Ecole d'Art, Perpignan (F)
1997–2008	Founded and managed the brand PROGNOSE in Basel, design, production and sale of bags and products, with Cristine Strössler
1997–2007	Freelance teacher of drawing, working and viewing art
2001–2002	Training, Web publisher SIZ
2002	Opened bag manufacture PROGNOSE in Kleinbasel, head store and production
2007–2010	Architecture studies, ETH Zurich
2010–2011	Internship at Morger Dettli Architekten, Basel
2011–2012	Employed at Kunz und Mösch Architekten, Basel
2012	Employed at Buchner Bründler Architekten, Basel, construction of concrete models for the exhibition "BBBauten" in the main hall of the ETH Zurich
2013	Founded lilitt bollinger studio
2016	2nd Prize, Foundation Award
2018	1st Prize, farbe.struktur.oberfläche 2018 architecture award for the conversion in Obstalden
2019	Member of the Federation of Swiss Architects (BSA) Goldener Hase 2019 award for the Altes Weinlager residential studio building in Nuglar

Finanzielle und ideelle Unterstützung

Ein besonderer Dank gilt den Institutionen und Sponsorfirmen, deren finanzielle Unterstützungen wesentlich zum Erscheinen dieser Buchreihe beitragen. Ihr kulturelles Engagement ermöglicht ein fruchtbares und freundschaftliches Zusammenwirken von Baukultur und Bauwirtschaft.

Financial and conceptual support

Special thanks to the institutions and sponsoring companies whose financial support makes a key contribution to the production of this book series. Their cultural engagement encourages fruitful, friendly interaction between building culture and the building industry.

ERNST GÖHNER STIFTUNG

Schweizerische Eidgenossenschaft
Confédération suisse
Confederazione Svizzera
Confederaziun svizra

Eidgenössisches Departement des Innern EDI
Bundesamt für Kultur BAK

HÜRZELER HOLZBAU AG

Hürzeler Holzbau AG,
Magden/Basel

G.Schlatter GmbH

G. Schlatter GmbH, Möhlin

Schmidlin

Elektro Schmidlin AG,
Muttenz

lilitt bollinger studio
43. Band der Reihe Anthologie
Herausgeber: Heinz Wirz, Luzern
Konzept: Heinz Wirz; Lilitt Bollinger, Nuglar
Projektleitung: Quart Verlag, Antonia Chavez-Wirz
Textlektorat Deutsch: Kirsten Rachowiak, München DE
Übersetzung Deutsch–Englisch: Benjamin Liebelt, Berlin DE
Fotos: Archiv ARGE alma maki & lilitt bollinger studio, Basel
S. 6 oben, 46/1; Archiv lilitt bollinger studio S. 10, 32; Archiv
ARGE lilitt bollinger studio & Buchner Bründler Architekten,
Nuglar S. 18; Rory Gardiner, London S. 19, 23, 24, 26 unten, 29;
Mark Niedermann, Riehen S. 11–13, 16/17, 22, 25, 26 oben,
27–29, 31, 33, 37–45, 46/2–4; Ruedi Walti, Basel S. 7–9
Redesign: BKVK, Basel – Beat Keusch, Angelina Köpplin-Stützle
Grafische Umsetzung: Quart Verlag
Lithos: Printeria, Luzern
Druck: DZA Druckerei zu Altenburg GmbH, Altenburg

lilitt bollinger studio
Volume 43 of the series Anthologie
Edited by: Heinz Wirz, Lucerne
Concept: Heinz Wirz; Lilitt Bollinger, Nuglar
Project management: Quart Verlag, Antonia Chavez-Wirz
German text editing: Kirsten Rachowiak, Munich DE
German–English translation: Benjamin Liebelt, Berlin DE
Photos: Archiv ARGE alma maki & lilitt bollinger studio,
Basel S. 6 oben, 46/1; Archiv lilitt bollinger studio S. 10,
32; Archiv ARGE lilitt bollinger studio & Buchner Bründler
Architekten, Nuglar S. 18; Rory Gardiner, London S. 19,
23, 24, 26 unten, 29; Mark Niedermann, Riehen S. 11–13,
16/17, 22, 25, 26 oben, 27–29, 31, 33, 37–45, 46/2–4;
Ruedi Walti, Basel S. 7–9
Redesign: BKVK, Basel – Beat Keusch,
Angelina Köpplin-Stützle
Graphical layout: Quart Verlag
Lithos: Printeria, Lucerne
Printing: DZA Druckerei zu Altenburg GmbH, Altenburg

Quart Verlag GmbH
Denkmalstrasse 2, CH-6006 Luzern
books@quart.ch, www.quart.ch

* Inserted booklet with translation

books@quart.ch, www.quart.ch